El estrés te altera de pies a cabeza

Trevor Romain y Elizabeth Verdick

Ilustraciones de Steve Mark

free spirit
PUBLISHING®

Library of Congress Cataloging-in-Publication Data
Names: Romain, Trevor, author. | Verdick, Elizabeth, author. | Mark, Steve, illustrator.
Title: El estrés te altera de pies a cabeza / Trevor Romain y Elizabeth Verdick ; illustrations de Steve Mark.
Other titles: Stress can really get on your nerves! Spanish
Description: Edición revisada y actualizada. | Minneapolis, MN : Free Spirit Publishing, [2024] | Series: Laugh & learn | Includes index. | Audience: Ages 8-13
Identifiers: LCCN 2023043200 (print) | LCCN 2023043201 (ebook) | ISBN 9798885545198 (paperback) | ISBN 9798765970614 (ebook)
Subjects: LCSH: Stress in children--Juvenile literature. | Stress management for children--Juvenile literature. | Stress in adolescence--Juvenile literature. | Stress management for teenagers--Juvenile literature.
Classification: LCC BF723.S75 R6618 2024 (print) | LCC BF723.S75 (ebook) | DDC 155.4/18--dc23/eng/20231031
LC record available at https://lccn.loc.gov/2023043200
LC ebook record available at https://lccn.loc.gov/2023043201

Diseño de portada e interior de Shannon Pourciau
Editado por Eric Braun

Printed by: 70548
Printed in: China
PO#: 9170

Free Spirit Publishing
Un sello de Teacher Created Materials
9850 51st Avenue North, Suite 100
Minneapolis, MN 55442
(612) 338-2068
help4kids@freespirit.com
freespirit.com

Dedicatoria

Este libro está dedicado a nuestras familias que, con su cariñoso apoyo, nos ayudaron a no estresarnos mientras lo preparábamos.

Tabla de contenido

Test de estrés

Antes de que leas el resto del libro, haz este divertido test. Pero ¡no te preocupes! Tendrás una A automáticamente, solo por responder las preguntas.

1. Por las noches, ¿sueñas que te persiguen, que tienes un examen pero no sabes las respuestas o que te encuentras sin ropa delante de un montón de gente? **Sí**○ o **No**○

2. ¿Alguna vez te ha preocupado tanto la idea de ir a la escuela que te dieron ganas de devolver? Sí○ o No○

3. ¿A veces sientes como si una boa constrictora te estuviera apretando la cabeza? Sí○ o No○

4. ¿Tu lista de tareas pendientes parece tener como una milla de largo? Sí○ o No○

5. ¿Un buen apodo para ti sería "El Tenso" o "Pelos de Punta"? Sí◯ o No◯

6. ¿A veces desearías tener una varita mágica para —¡ABRACADABRA!— hacer desaparecer tu estrés? Sí◯ o No◯

7. ¿Algunos días andas con mucho desgano, como si estuvieras en "piloto automático"? Sí◯ o No◯

8. ¿A menudo sientes tanta tensión que los hombros te llegan a las orejas? Sí◯ o No◯

9. ¿Desearías que te capturaran unos extraterrestres para librarte de tus problemas? Sí◯ o No◯

10. ¿A veces estás tan nervioso que andas inquieto como una pelota saltarina? Sí◯ o No◯

11. ¿A veces parece que el mundo gira tan rápido que deseas bajarte un momento y tomarte un descanso? Sí◯ o No◯

¿Cómo te fue?

Si respondiste **sí** a todas las preguntas o a la mayoría, *padeces estrés*. Este libro puede ayudarte.

Si respondiste sí a algunas de las preguntas, puedes usar este libro para afrontar los días en que sientas estrés.

Si respondiste **no** a todas las preguntas, estás fresco como una lechuga. Sigue leyendo para descubrir cómo seguir así.

Te sacaste una **A**...

Capítulo 1

¿Qué es eso del estrés?

Tienes estrés cuando...

1. sientes incomodidad en algunas situaciones;

o

2. te preocupa algo que ha sucedido, sucederá o *puede llegar* a suceder.

¿Y si no lo logro?

¿Si me desmayo?

¿Y SI ME FALTAN LAS FUERZAS?

¿Y SI TODOS SE RÍEN DE MÍ?

¿Y si me lastimo?

¿Y SI ME EQUIVOCO?

¿Y si lo hago mal?

¿Y SI NO LE CAIGO BIEN A NADIE?

¿Y SI ME CAIGO DE BRUCES?

ESO QUE LLAMAMOS ESTRÉS:

Es lo que domina tu mente y tu cuerpo, y causa una...

Sensación de tensión muscular. Es...

Tu reacción a cosas nuevas, que te dan miedo o son diferentes. Es...

Realmente común en chicas y chicos que son tímidos, sufren presiones en casa o en la escuela, o quieren ser siempre "los mejores"...

Es la razón de muchos dolores de estómago o de cabeza y es...

Siempre algo que nos cuesta reconocer hasta que entendemos sus síntomas.

El estrés puede hacerte sentir tanta ansiedad que tu cuerpo comienza a enviarte señales raras y confusas. Aunque no lo creas, puedes terminar sudando en una habitación que está helada o tiritando en un día de calor. Hasta puedes llegar a sentir que quieres que te trague la tierra.

Estas palabras describen esa sensación de ESTRÉS:

SOLEDAD preocupación MALHUMOR

ENFADO CANSANCIO

miedo AGITACIÓN MAREOS

ANSIEDAD

Nerviosismo

piel de gallina agotamiento

pánico ANGUSTIA

INQUIETUD

confusión

EXCITACIÓN presión

TENSIÓN

inestabilidad

irritabilidad

DESAZÓN FRUSTRACIÓN

impaciencia estar a punto de estallar

sin salida INTRANQUILIDAD

MOLESTIA AFLICCIÓN

ALTERACIÓN desconcierto

TEMOR

TURBACIÓN

AGOBIO

Diferentes tipos de estrés

A veces el estrés se apodera de ti de repente, como si alguien te arrojara una cubeta de agua sobre la cabeza. Pero otras veces el estrés es SIGILOSO. Avanza lentamente y sientes que algo anda mal, pero no sabes qué.

También está ese estrés que no se va nunca. Lleva tanto tiempo instalado que ya es casi un integrante más de la familia.

El estrés se toma su trabajo **muuuuuy** en serio. Mira todas las tareas que tiene que hacer:

LISTA DE TAREAS DEL ESTRÉS

- Mantener a los chicos despiertos y preocupados toda la noche.
- Hacer que se despierten sintiéndose tensos y cansados.
- Darles dolor de estómago y de cabeza.
- Hacer que se sientan tristes, enojados, indefensos, solos y molestos.
- Hacer que se sientan ansiosos ante la vida.
- Hacer que sea más complicado que les vaya bien la escuela, se diviertan o prueben nuevas actividades.
- Hacer que griten o descarguen sus sentimientos en otras personas.
- Hacer que quieran salir corriendo a esconderse.
- Convencerlos de que no hay forma de relajarse.

Algunos datos sobre el estrés

No puedes hacer que el estrés desaparezca con solo desearlo ni tampoco puedes fingir que no está ahí. Al estrés no le gusta que lo ignoren.

(No te extrañe que te termine sacando de quicio).

El estrés no es tu mamá ni tu papá. No tienes que hacer todo lo que te diga.

El estrés no es una materia que *tengas* que estudiar en la escuela. Tampoco es un mensaje de tus redes sociales que debas responder.

Y lo mejor de todo:

TÚ eres quien le da órdenes al estrés y no al revés.

Capítulo 2

¿Por qué, ay, por qué tenemos estrés?

El estrés puede alcanzar distintos niveles. ¿Cuál es tu nivel de estrés ahora?

Sentir algo de estrés no está mal. A veces, el estrés te llena de entusiasmo o de energía. Por ejemplo, saber que debes entregar la tarea te da ese empujoncito extra que necesitas para terminarla. Sentir entusiasmo por un partido de fútbol puede hacer que juegues mejor. Y darte cuenta de que falta poco para tu concierto de violín puede hacer que tengas más ganas de practicar. (Eso es lo que se llama "estrés bueno" o "estrés normal").

Piensa en estos momentos:

Desafíos
Exámenes
Nuevas experiencias

En momentos como esos, el estrés puede ayudarte a enfocar tu mente y a fortalecer tu cuerpo... pero *de ninguna manera* es bueno sentir eso todo el tiempo.

En situaciones así, puedes experimentar un gran entusiasmo, mucha concentración o sentir que tienes mariposas en el estómago. Un estímulo como ese puede ayudarte a lograr lo que te propones. Piénsalo como un "estrés energizante".

Luego, una vez que hiciste eso que te generaba estrés, te sientes otra vez como siempre. (Tal vez notas un poco más de cansancio que de costumbre).

Entonces, ¿cómo notas la diferencia entre el estrés bueno y el malo? Sigue leyendo.

Identifica tu estrés

El estrés activa alarmas en tu cuerpo y en tu mente. En cuanto sientes que algo te pone en riesgo: ¡BIP-BIP-BIP! ¡Hola, Estrés!

Los expertos le han dado un nombre a esta respuesta: LUCHA, **HUIDA** o PARÁLISIS.

En otras palabras, el estrés hace que tu cuerpo se proteja luchando, huyendo o quedándose quieto. Tu reacción no es algo que puedas planear. Simplemente sucede.

Esta reacción que tenemos incorporada ha ayudado a los seres humanos a sobrevivir desde la prehistoria. Imagínate que vives en una caverna. Estás ahí, afilando tu lanza lo más tranquilo, cuando un tigre dientes de sable famélico de pronto salta desde atrás de un arbusto y se abalanza sobre ti. ¡GRRR!

Si solo te quedaras ahí, como una estatua, sin hacer nada... te convertirías en **SU ALMUERZO.**

Por suerte para ti, tu mente y tu cuerpo saben automáticamente qué deben hacer. En una milésima de segundo, se activa tu respuesta de "lucha, huida o parálisis":

- Tu corazón comienza a latir más fuerte y más rápido para que puedas correr o defenderte;

- La sangre fluye velozmente hacia los músculos más grandes (los que te ayudan a huir o a pelear);
- Tu cuerpo produce sustancias químicas como la adrenalina, que potencian tu energía;
- Comienzas a sudar cuando tu cuerpo se prepara para la pelea o la huida;
- Se te cierra el estómago, para que la sangre pueda fluir hacia donde más la necesitas.

Todo esto pasa para que puedas LUCHAR contra el tigre, HUIR (escapar de él) o PARALIZARTE (quedarte inmóvil con la esperanza de que no te vea).

Así puedes vivir para contar la historia.

En cierta manera, es genial que tu cuerpo reaccione automáticamente. Es como activar superpoderes frente al peligro. El único detalle es que a la mayoría de nosotros nunca nos persigue un tigre, ni siquiera unos enérgicos perritos chihuahua. Las causas del estrés que sufrimos hoy no son las mismas que hace miles de años, cuando la respuesta de estrés "normal" nos resultaba muy útil.

Volvamos rápidamente al presente. Te enfrentas a una peligrosa y terrible...

¡PRESENTACIÓN!

Estás de pie, delante de toda la clase y —como un rayo— se activa tu respuesta de **LUCHA, HUIDA** o **PARÁLISIS.** Aunque ni siquiera lo hayas querido.

Puedes tener algunas de las siguientes reacciones:

- Se te traba la lengua o la mente se te pone en blanco;
- Comienzas a sudar;
- Se te enfrían las manos y los pies porque la sangre fluye hacia otras partes del cuerpo;
- La sangre se acumula en tus mejillas;
- Se te seca la boca;
- El corazón empieza a latir más rápido;
- Sientes el estómago revuelto o lleno de mariposas;
- Quieres correr a esconderte;
- Te conviertes en estatua.

Todas estas reacciones —aunque son típicas— ¡no te ayudan mucho en ESTA situación!

El estrés moderno

Los tiempos cambiaron, pero nuestra reacción frente al peligro o el estrés es tan fuerte como siempre. Para comprobarlo, intenta hacer esto: cierra los ojos e imagina que estás caminando por una calle oscura y solitaria... oyes pasos detrás de ti. Y algo... o *alguien*... que respira. ¿Sientes nervios? Con solo pensar en una situación tensa, se te activan las alarmas.

La buena noticia es que puedes aprender a controlar tus síntomas de estrés. Tienes poder sobre el estrés. Cuando sientas esa necesidad de **LUCHAR, HUIR** o PARALIZARTE, puedes enseñarte a ti mismo a reaccionar bien. Con la práctica, lo harás cada vez mejor. Se trata de una habilidad que podrás usar toda la vida. Encontrarás consejos para desarrollarla en el capítulo 4: Cómo lo afrontas (sin hacer cosas tontas). Y si tu estrés es un verdadero problema, échale un vistazo al capítulo 5: Conviértete en un mecánico del pánico.

Capítulo 3

Fuentes
de estrés

Muchas cosas pueden causar estrés en los chicos. Estos son algunos factores:

- problemas familiares, conflictos con hermanos;
- la falta de comida, dinero o vivienda;
- las burlas por motivos de raza, grupo étnico, clase social, discapacidad o aspecto, entre otras cosas;
- tareas escolares, exámenes, calificaciones y proyectos;
- la escuela en general;
- el deseo de encajar, las preocupaciones sociales, las peleas con amigos;
- los chicos y las chicas que acosan;
- los clanes;
- una agenda con muchas actividades extraescolares y durante los fines de semana;
- las expectativas de los equipos, el rendimiento en los grupos o los clubes;
- miedo por la violencia en casa, la escuela o la comunidad;
- noticias que dan miedo sobre la política y los cambios mundiales;
- preocupaciones sobre el medioambiente y el planeta.

¿Te dan ansiedad estos temas? No te sucede solo a ti.

Los factores de estrés que enfrentamos todos los días en casa y en la escuela forman parte de nuestra vida. Pero es hora de preguntarte si crees que el estrés es algo que te ayuda o si se trata de un problema más serio.

¿Tu agenda te genera estrés?

En estos días, muchos niños y adolescentes tienen la agenda sobrecargada. Sus actividades extraescolares y sus listas de cosas para hacer son interminables. ¿Tus horas después de la escuela se parecen en algo a esto?

¿Sientes que, casi todos los días, solo tienes tiempo para tomar un bocadillo del refrigerador y comerlo rápido en el camino hacia tu siguiente actividad? ¿Almuerzas en el auto mientras te llevan de un lugar a otro? ¿Cargas un montón de ropa y cosas extra porque no tienes tiempo para volver a casa y cambiarte entre una actividad y otra? Estas son señales de que tal vez tengas demasiados compromisos en tu agenda. Diles a tus padres si es una sobrecarga para ti. ¿Qué actividades puedes dejar de hacer?

¿Tienes estrés tecnológico?

La tecnología causa estrés en algunos chicos.

- Tal vez deseas tener un teléfono celular o una tableta como la de tus amigos, pero no puedes comprarla.
- Tal vez te genera estrés ver programas o películas que muestran escenas violentas.
- Quizá los videojuegos aumentan tus niveles de estrés porque pasas demasiado tiempo jugando, porque no te sientes conforme con cómo jugaste o porque tu nivel de adrenalina está muy alto.
- Tal vez las redes sociales son un factor de estrés porque alguien se ha estado burlando de ti o te ha estado acosando en internet.
- O quizás te genera estrés el simple hecho de mantenerte al día con las redes sociales.

   Este tipo de estrés es bastante nuevo y los expertos aún están aprendiendo sobre los efectos de la tecnología. Hay algo que sí sabemos: su efecto sobre los niños y los adolescentes puede ser grave. Por ejemplo, a los chicos que usan demasiado la tecnología les cuesta mucho más socializar cara a cara y tienen problemas para prestar atención, *además* de niveles más altos de estrés.

Por eso, no te sorprendas si los adultos limitan el tiempo frente a las pantallas. (¡Aunque ellos también pasen mucho tiempo delante de pantallas!).

Lo que sucede es esto:

Según los expertos, las familias deben trabajar juntas para fijar reglas que limiten el tiempo frente a las pantallas y funcionen tanto para los chicos como para los adultos. El plan incluye TODAS las pantallas: las de teléfonos, tabletas, televisores, cine, computadoras y cualquier otra.

Puede parecerte que usar la tecnología para relajarte en los momentos libres alivia el estrés. Pero también puede generar el efecto contrario. Lleva un registro —que sea honesto— de la cantidad de minutos y horas que pasas cada día delante de las pantallas. ¿Es más de lo que pensabas? ¿Está interfiriendo con cosas importantes, como las tareas de la escuela y del hogar o el sueño? Si necesitas reducir ese tiempo, puedes hacerte un cronograma de uso de tecnología, con la ayuda de tu familia.

Plan familiar multimedia

MOMENTOS SIN PANTALLAS
Cuando la familia esté reunida conversando o jugando a
   algún juego
Durante las comidas
Una hora antes de irnos a dormir
En el auto, excepto durante viajes largos

EJEMPLOS DE USO POSITIVO DE LAS PANTALLAS
Videollamadas con familiares y amigos
Mirar películas y programas de televisión educativos
Hacer la tarea o visitar sitios web recomendados
   por los maestros

EN LUGAR DE USAR PANTALLAS, PODEMOS:
Hacer ejercicio
Conversar
Leer algo juntos en voz alta
Hacer un proyecto familiar
Divertirnos con juegos de mesa o rompecabezas
Jugar al aire libre

Puntos extra: ¡Hacer ejercicio y jugar al aire libre son actividades ideales para combatir el estrés!

¿Las noticias te alteran?

Las noticias están en todas partes. Las ves en la televisión y en internet. También aparecen en tus redes sociales. Lees y escuchas sobre distintas noticias cuando estás en la escuela. Probablemente en tu familia también hablan sobre hechos que suceden en tu ciudad o en el mundo. ¿Y qué pasa con esas noticias? No siempre son buenas.

Muchos adultos se sienten abrumados y alterados por las noticias negativas. Tú absorbes su estrés (y, por supuesto, también sientes tu propio estrés). Aunque una noticia triste o aterradora no te afecte directamente, puedes sentir preocupación y dolor. Porque **TE IMPORTA** lo que les sucede a otras personas, vivan cerca o lejos. Y una parte de ti puede preguntarse: "¿Y si algo malo le sucede a mi familia o a mí? ¿Estoy fuera de peligro?".

Es importante tener paz y seguridad. Conversa con los adultos que te rodean sobre las noticias que te generan estrés. Pregúntales:

¿Qué hago cuando algo parece fuera de control?

¿Cómo podemos mejorar nuestra vida, la de otras personas (y la de los animales) en nuestra comunidad?

¿Cómo podemos mantener una actitud esperanzada y positiva cuando otros están sufriendo?

No hay respuestas fáciles. Hablar sirve, pero pasar a la acción es aún mejor. ¿Puedes ayudar a otros trabajando como voluntario? ¿O unirte a un club escolar dedicado a abordar problemas sociales? ¿Puedes hacer carteles para generar conciencia sobre causas que son importantes para ti, o para compartir *buenas* noticias? ¿Y hacer donaciones a entidades benéficas? ¿Limpiar la basura de la calle? ¿Promover el reciclado en tu casa o en tu escuela? Cuando haces algo, aunque sea pequeño, sientes que tienes más control (y te afecta menos el estrés).

¡La esperanza también alivia el estrés! Busca buenas noticias: historias sobre personas que ayudan y sobre la esperanza. Lee libros sobre héroes y heroínas. Busca

biografías de personas que lucharon por una causa, marcharon en una protesta pacífica o hicieron algo más para que el mundo fuera un lugar mejor. Escribe citas que te hagan sentir valiente o te ayuden a ver el lado bueno de la vida. Busca a otros chicos y chicas a quienes les importen las mismas cosas que a ti y trabajen juntos para generar un cambio positivo.

UN ÚLTIMO CONSEJO

Crea una lista de los factores que te generan estrés. Cuando escribes tus preocupaciones en un papel, abandonan tu mente por un rato. Y esa sensación de "¿Y si...?" empezará a disiparse.

Capítulo 4

Cómo lo afrontas (sin hacer cosas tontas)

El estrés puede hacer que **CUALQUIER PERSONA** se sienta preocupada, nerviosa y molesta. (Incluso los adultos). Cuando sientes mucha ansiedad, es natural que quieras escapar. Muchos chicos y chicas tratan de hacer precisamente eso. Sigue leyendo.

Historias extrañas pero ciertas

Rosa* estaba nerviosa porque debía jugar al vóley frente a todo el mundo. Pensaba que no le daría a la pelota y que empezarían a gritarle. Para quedar fuera del juego, le pidió a una amiga que la ayudara a fingir una herida con maquillaje. Luego, Rosa le mostró su dedo recién amoratado (y una venda muy poco realista) a su maestra de gimnasia, que no se dejó engañar en absoluto.

Cuando Jarvis fue por primera vez a un campamento, no quería admitir que estar lejos de su familia le daba ansiedad. Se estresó tanto que tenía ganas de vomitar. Desde la enfermería, escribió largas cartas a sus padres para volver a casa. Hasta intentó subirse la temperatura acostándose bajo una pila de mantas a pesar del calor que hacía. Pero Jarvis no logró que lo mandaran de regreso a casa (y pasó casi todo el campamento en cama).

*Estos chicos estresados son reales. Sus nombres, no.

A Malik lo estaban acosando en la escuela. Se habían hecho presentaciones sobre el acoso escolar y los maestros no querían ninguna situación de acoso en las clases. Pero no todos los chicos las escucharon o no les importó el mensaje. Malik sabía que uno de los peores lugares era el baño de los varones, donde ya lo habían acorralado muchas veces. ¿Su solución? No ir al baño en todo el día. Se aguantaba y se sentía tan incómodo que no veía la hora de volver a casa.

Lexy era una de las corredoras más veloces de la escuela. Un día, durante la clase de gimnasia, su grupo salió para practicar la carrera de 100 yardas. Lo que más quería Lexy en el mundo era ganar. Pero, justo antes de la carrera, se puso nerviosa y tenía tanto miedo que no quería correr. Fingió que le dolía el tobillo y luego simuló que rengueaba. Con el entusiasmo de mirar las carreras, se le olvidó lo que estaba haciendo. Algunas de las demás chicas lo notaron y la criticaron:

Planes de escape fallidos

Tal vez has tratado de evitar situaciones que te generaban estrés escapando o fingiendo que no te sentías bien o que te habías lastimado. Por ejemplo, ¿alguna vez fingiste una enfermedad el día que tenías un examen? (Es algo bastante común). Tal vez te quedaste en el sofá mirando televisión en lugar de ir a la escuela. Lograste escapar. ¡Qué alivio!

¿*Realmente* lo lograste? Tarde o temprano tendrás que hacer el examen. Y por dejarlo para más tarde, te atrasaste con las otras tareas, lo que te genera todavía más tensión. Evitar las cosas que debes hacer, en realidad, no evita el estrés.

MAL Plan de escape 1: faltar a la escuela sin permiso. No es una buena idea. Tarde o temprano, te descubrirán (y las sanciones no son ningún chiste).

MAL Plan de escape 2: recurrir a la comida para lidiar con el estrés. Los dulces, las rosquillas, las papas fritas y la comida chatarra se vuelven más tentadores durante los momentos de estrés. Pero comer muchas cosas dulces o saladas solo aumenta el estrés que siente tu cuerpo. Lo mismo sucede con los refrescos y las bebidas azucaradas.

MAL Plan de escape 3: sumergirte en los videojuegos (o usar aplicaciones de tu teléfono, redes sociales o mensajes de texto toda la noche). Si le dedicas demasiado tiempo a la tecnología, no estarás abordando las verdaderas fuentes de tu estrés. Busca formas más saludables de tratarlo.

MAL Plan de escape 4: consumir drogas y alcohol. Emborracharse o consumir drogas no resuelve los problemas: genera más.

¿Qué puedes hacer en lugar de intentar escapar? *Poner lo que te preocupa en palabras*... pero no *esta* clase de palabras:

¡Odio a todo el mundo! ¡¡¡✱ξ^z#@!!!

¡Tú eres la causa de todo mi estrés!

¡Es tu culpa que me sienta así!

Cuando te dominan la tensión y el enojo, puedes sentir el deseo de gritarle a todo el mundo. Pero gritar no hará que desaparezca el estrés. En cambio, volverá como un búmeran. ¡CUIDADO!

Cuéntale a alguien lo que te está molestando y pídele ayuda. Puedes decir: "Estoy pasando por mucho estrés y no sé qué hacer. ¿Puedes ayudarme?".

Habla con tus amigos, tus padres, familiares, maestros, consejeros escolares, el líder de tu grupo juvenil, un consejero religioso, tu médico de familia o la directora de tu escuela. Si no es posible hablar con alguien en persona o si no te resulta cómodo, puedes escribir una carta o un correo electrónico. También puedes enviarle un mensaje de texto a alguien que seguramente te responda.

Las peores maneras de aliviar el estrés*

Golpearte la cabeza contra la pared no te ayudará a calmar el estrés. Lo único que conseguirás es un enorme chichón y un tremendo dolor de cabeza.

Romper cosas tampoco reducirá tu nivel de estrés. Si rompes tus cosas, tu fastidio será aún mayor.

*Advertencia: No pruebes estas cosas. ¡En serio!

¡Maldecir solo te traerá problemas!

Con patalear solo lograrás que te duelan los pies.

Echarle la culpa a todo y a todos, excepto a ti, no te ayudará a llegar muy lejos.

"¡Tú HICISTE que te gritara así!".

"No anoté el gol porque tenía el cordón desatado".

"Me saqué una mala nota por culpa de mi maestra".

Descargar el estrés en un animal sería doloroso para ti y para el animal. Tu mascota no comprende la palabra *estrés*. Lo único que quiere una mascota es amor.

Encerrar a tu escandaloso hermanito en el armario **NO** te reducirá el estrés. (Si tienes cosas que hacer y tu hermana o tu hermano te están molestando, habla con tus padres).

¡¡¡**NO!!!** Los cigarrillos *no* te ayudarán a relajarte ni a levantarte el ánimo. Fumar más bien se parece a estar dentro de la nube maloliente del tubo de escape de un camión mientras lames un neumático viejo.

Cuando sientas estrés, mucho cansancio o mucho miedo, o cuando sientas que estás a punto de explotar, es hora de **RELAJARTE.** Tienes el poder de poner al estrés en su lugar. Solo necesitas las herramientas correctas.

Capítulo 5

Conviértete en un mecánico del pánico

Un mecánico soluciona problemas de autos. Un mecánico del pánico soluciona problemas de estrés. (Esto no tiene nada que ver con un mecánico volcánico, ¡que solo empeora las cosas!).

Si estás pasando por mucho estrés, puedes ser tu propio mecánico del pánico, así detectas lo que anda mal (los estragos del estrés) y usas tus herramientas para solucionarlo.

Estrago del estrés 1: Te mueves de acá para allá, estás inquieto y en constante frenesí.

Herramienta: Equilibra tu energía.

El estrés produce mucha energía extra en el cuerpo. ¡Úsala para hacer algo positivo! Corre con tu perro o da una vuelta en patineta, por ejemplo. Si sientes muchos nervios en la escuela, pregúntale a tu maestra si puedes ir al baño. Camina rápido (pero en silencio) por el pasillo y haz algunos estiramientos cuando estés en el baño. Poner el cuerpo en movimiento te ayudará a *equilibrar* esa energía descontrolada.

Estrago del estrés 2: Tienes tanto estrés que todo te molesta. Hasta el más leve ruido o movimiento te da ganas de gritar.

Herramienta: Busca la calma.

Pasa algo de tiempo a solas para calmarte. Ve a tu habitación o al sótano, o haz un escondite secreto con una mesa y unas mantas. Ponte auriculares. Quizá te haga sentir bien cerrar los ojos e imaginar que estás en algún lugar tranquilo: una casita en un árbol, un sendero arbolado o al aire libre durante una nevada.

Estrago del estrés 3: El estrés hace que te distraigas.

Cinco minutos después:

Herramienta: Respira profundo.

Si notas que te distraes en clase o durante las conversaciones, respira profundo varias veces. Esto llevará oxígeno a tu cerebro y te ayudará a pensar mejor. Si es posible, sal y toma aire fresco.

Estrago del estrés 4: Te preocupas todo el tiempo, incluso por cosas que probablemente no sucedan.

Herramienta: Ponte por encima del estrés.

¡Todas estas preocupaciones demuestran que tienes mucha imaginación! Úsala para hacer algo creativo, como dibujar, escribir un cuento, inventar un baile, diseñar un sitio web o escribir un guion de comedia. Si te concentras en algo entretenido, se irán las preocupaciones de tu mente.

Estrago del estrés 5: Sientes que el estrés controla tu vida.

Herramienta: Recorta los sentimientos negativos.

El estrés puede resultar abrumador. Tal vez sientas que ya no puedes seguir lidiando con todo. ¡No presiones el botón de pánico! **Tú** eres mucho más que tu estrés. Convéncete de que encontrarás formas de reducir el nivel de estrés.

En la página siguiente encontrarás algunas ideas para recortar el estrés.

Trucos rápidos para días de estrés

- Pasa tiempo a solas en un lugar tranquilo.
- Escucha música serena o tus temas favoritos.
- Relájate con tus amigos.
- Sal a correr, da una caminata larga o haz yoga.
- Toca un instrumento musical o haz alguna otra actividad artística.
- Disfruta de tu pasatiempo favorito o comienza uno nuevo.
- Mira una película: ¡pero no una de terror!
- Lee un libro o artículos de revistas. O busca chistes divertidos.
- Practica la respiración profunda. Inhala e imagina que tu respiración es una ola que entra por los dedos de los pies y pasa por todo el cuerpo hasta llegar a la cabeza. Cuando exhales, imagina que la ola se retira pasando por todo el cuerpo otra vez, hasta llegar a los dedos de los pies, y luego vuelve al mar. Haz esto varias veces hasta que te sientas más en calma.

- Dedica tiempo a alguna tarea de voluntariado. Ayudar a otras personas es una gran manera de ayudarte a ti mismo.

- Haz tareas del hogar. (Puede parecer una locura, pero tareas como rastrillar hojas o limpiar tu habitación pueden ayudarte a recuperar la calma. La naturaleza rutinaria de estas tareas es relajante. ¡Y productiva!).

- Haz un frasco de preocupaciones. Si te preocupas por todo y tus miedos te molestan todo el día, destina un momento especial a escribir tus preocupaciones en tiritas de papel. Cuando ves tus preocupaciones escritas, su poder comienza a debilitarse. Enciérralas en el frasco para que ya no puedan molestarte tanto.

- Dale cariño a tu mascota. Está demostrado que los animales pueden reducir los niveles de estrés de las personas. Juega con tu perro, acaricia a tu gato, escucha el canto de tu pájaro o mira nadar a tu pez. Son excelentes maneras de relajarte. Si no tienes mascota, pregúntale a un amigo si puedes pasar algo de tiempo con su perro, su gato u otra mascota.

Estrago del estrés 6: El estrés te hace sentir que tu vida es toda un GRAN problema.

Herramienta: Mira con atención cada problema.

Cuando el estrés te domina, tienes la sensación de que nada anda bien en tu vida. Pierdes de vista qué es en realidad lo que te molesta. Intenta analizar el problema con claridad. ¿Te molesta o te preocupa algo que cambió o que está por cambiar? Cuando identifiques el problema, puedes tratar de solucionarlo.

Estrago del estrés 7: La preocupación te acelera.

Herramienta: Desacelera.

Moverte superrápido te genera **más** ansiedad. Hacer 16 cosas al mismo tiempo causa demasiado estrés. (No trates de hacer la tarea mientras cenas, mensajeas, miras televisión y alimentas a tu jerbo). Te conviene hacer una cosa a la vez y tomarte el tiempo necesario. La vida no tiene por qué ser una carrera.

Estrago del estrés 8: Sientes tanto estrés por todo lo que tienes pendiente que no puedes hacer *nada de nada*.

Herramienta: Haz una lista de pendientes.

Muchas personas se estresan porque se sienten abrumadas por todo lo que tienen que hacer. Escribir una lista de pendientes o usar un planificador diario puede ayudarte a calmar el pánico. Comienza por hacer una lista de todas tus tareas. Luego, ordénalas según su importancia. ¿La primera tarea de la lista te parece imposible? Divídela en pasos. ¿Ya la puedes encarar? Si no es así, divídela en partes aún más pequeñas. ¿Ahora parece posible? Si es así, haz la primera tarea de tu lista. Cuando termines, prémiate con un descanso. Después podrás empezar la tarea siguiente.

Estrago del estrés 9: Con tanto estrés, estás hecho un nudo: tenso de la cabeza a los pies.

Herramienta: Afloja la tensión.

El estrés causa un exceso de tensión muscular que te deja el cuerpo dolorido, rígido o contracturado hasta el límite. Si te sientes así, intenta hacer un ejercicio de relajación para aflojar la tensión. Encontrarás uno en la página siguiente.

Relájate en 10 Pasos Sencillos

Este ejercicio de relajación es fácil de aprender. Lee todos los pasos antes de intentarlo.

1. Busca un lugar tranquilo donde nadie te interrumpa. (Si es posible, sal al aire libre: al patio o al parque, por ejemplo. El aire fresco te hará bien).
2. Acuéstate sobre la hierba (o en el piso). Escoge una posición cómoda.
3. Cierra los ojos, pero no te duermas.
4. Respira profundo. Concéntrate en tu respiración y siente cómo entra y sale el aire. Cuenta hasta cinco mientras inhalas. Cuenta hacia atrás desde el cinco mientras exhalas. Tómate tu tiempo.
5. Cuando te calmes, sigue respirando profundo, pero cuando exhales, di mentalmente la palabra *relajación*.

6. Al ritmo de tu respiración, comienza a relajar los músculos de la cabeza a los pies. Empieza por la frente. Tensa esos músculos cuando inhales y relájalos cuando exhales.

7. Sigue tensando y relajando los músculos de arriba abajo: los hombros, los brazos, las manos, el abdomen, las piernas, los pies. Cada vez que lo hagas, tensa los músculos cuando inhales y relájalos cuando exhales.

8. Cuando llegues a los dedos de los pies, descansa. Sigue respirando profundo.

9. Abre los ojos lentamente. Piensa: "Ya me relajé".

10. ¡Disfruta de esa sensación!

Puedes hacer este ejercicio siempre que necesites recuperar la calma. ¿Recuerdas la respuesta de **LUCHA, HUIDA** o **PARÁLISIS** de las páginas 25 a 29? Tiene una versión opuesta: **DESCANSO** y **DIGESTIÓN.** Esto significa que tienes los músculos relajados, la mente en calma y el estómago listo para trabajar otra vez. ¡La relajación te ayuda a sentirte así!

Estrago del estrés 10: Actúas de forma tan frenética que pierdes la noción de lo que es importante de verdad.

Herramienta: Recupera la perspectiva.

¿En ocasiones dices cosas como "¡si no logro entrar en el equipo, voy a morir!" o "¡no puedo vivir si no tengo esos vaqueros!"? ¿Esas cosas realmente van a matarte? ¡Por supuesto que no! Pensar "tal vez me desilusione si no logro lo que quiero" es más realista y menos estresante. Tratar de ver la imagen completa de la situación es una muy buena manera de alivianar la carga de estrés.

Estrago del estrés 11: Sientes que eres un perdedor.

Herramienta: Pule tu actitud.

¿Qué cosa puede ser más estresante que decirte constantemente a ti mismo que das pena? Si hay una vocecita dentro de tu cabeza que te critica todo el tiempo, dile que se vaya a dar un paseo. En lugar de decirte "todos pensarán que soy un fracaso", puedes decirte "me estoy esforzando y estoy mejorando".

Estas son otras maneras de convertir pensamientos negativos en positivos:

En lugar de decir...	Intenta decir...
No me va a salir bien.	Todos cometemos errores.
Soy un desastre en Ciencias.	No me destaco en Ciencias, pero sí en otras materias.
Todos juegan al fútbol mejor que yo.	Me estoy esforzando y me estoy divirtiendo: eso es lo que importa.
Ojalá tuviera más amigos.	Hay gente que me quiere y a la que le gusta pasar tiempo conmigo.
Pasaré vergüenza.	¡Voy a intentarlo!

Estrago del estrés 12: Tu vida parece fuera de control.

HERRAMIENTA: USA TU RED DE SEGURIDAD.

No solo los equilibristas que caminan en la cuerda floja necesitan redes de seguridad. En algún punto, *todos* necesitamos que alguien nos contenga cuando nos estamos cayendo. ¿A quién le cuentas tus problemas? ¿Quién sabe escucharte y te da buenos consejos? Busca a esas personas y pídeles ayuda.

Capítulo 6

Cómo mantener el estrés a raya (incluso en la playa)

Ahora sabes muchas cosas sobre el estrés. Ya has descubierto cuáles son los factores que te estresan y has aprendido a pedir ayuda. Pero la lucha contra el estrés no es algo que se hace solo una vez. Es algo de **todos los días.** El estrés aparecerá en momentos obvios, pero también cuando menos te lo esperes, hasta en las mejores vacaciones.

El estrés es parte de la vida: la tuya, la nuestra, la de todo el mundo. ¿Es una mala noticia? No necesariamente. Tienes el poder de fortalecerte para enfrentar el estrés todos los días.

Intenta seguir estos consejos todos los días... y ¡despídete del estrés!

1. **Lleva una vida activa.** El ejercicio físico hace mucho más que mantener tu cuerpo sano: también te levanta el ánimo y te ayuda a reducir el estrés. Cuando llevas una vida activa, tu cuerpo y tu mente se hacen más fuertes. Y eso significa que tienes más poder para combatir el estrés.

2. **Aliméntate bien.** Comer alimentos que son buenos para el cuerpo te ayuda a mantener la salud, y un cuerpo sano combate mejor el estrés. Come muchas frutas, verduras, cereales integrales y proteínas. Puedes aprender más sobre alimentación saludable en choosemyplate.gov. O conversa con tu médico o con el enfermero de tu escuela sobre tus necesidades nutricionales.

3. **Evita consumir cafeína.** Esta sustancia química —que se encuentra principalmente en bebidas como los refrescos, el café y el té— puede ponerte tenso e irritable. (Es como beber estrés puro, ¡puaj!).

4. **Duerme bien.** Es difícil lidiar con el estrés si sientes cansancio y agotamiento. Durante una buena noche de sueño, la mente y el cuerpo recargan energías. Eso significa que tienes más lucidez y más fuerza cuando te despiertas. Si te cuesta dormir por las noches, habla sobre este problema con tus padres o con otro adulto en el que confíes. Tal vez necesites ver a tu médico para que te ayude. O tal vez baste con una siestita después de la escuela. Pero que no sea demasiado larga porque necesitas dormir bien por la noche.

5. **Es-tí-ra-te.** Cuando te despiertes cada mañana, *estírate*. Extiende los brazos hacia arriba y dales a tus piernas la posibilidad de estirarse para que entren en calor. Estirarte te hace sentir bien. También te ayuda a reactivar los músculos o a relajarlos cuando sientes estrés. El yoga es una práctica divertida y relajante para todas las edades. Empieza a tomar clases o aprende a hacer yoga y estiramientos adecuados con un DVD o por internet.

6. **Expresa tus sentimientos.** ¿Sientes enojo, tristeza, frustración, celos, dolor o fastidio? Habla con alguien o escribe sobre eso. Si te guardas los sentimientos, puede aumentar el estrés. También puedes expresar tus emociones mediante la actividad física o las artes.

7. **Mantén el orden.** ¿Tienes problemas para recordar dónde dejas las cosas? Las habitaciones de los niños y adolescentes son famosas por tragarse juguetes, tareas, cargadores y notas secretas (incluso, ocasionalmente, algún sándwich de mantequilla de cacahuate). Perder cosas puede darte estrés. Si mantienes tu habitación limpia y organizada, te ayudará mucho. Lo mismo sucede con la mochila y el bolso deportivo.

8. **Ríete.** Los expertos dicen que la risa reduce el estrés. Por eso, memoriza chistes, lee libros graciosos o mira programas cómicos para tu edad. ¡La risa te hará bien!

9. **Planifica tus actividades.** ¿Sientes que te abrumas o que te atrasas con todo lo que tienes que hacer? Es hora de planificar un poco. Consigue un calendario y anota tus proyectos, las fechas de los exámenes y otras cosas importantes (o usa una aplicación que sirva para eso). Luego, organiza un cronograma de tareas y estudio que puedas seguir. Planificar con un poco de antelación te hará sentir que tienes más control sobre el día a día.

10. **Cuida la postura.** Aunque no lo creas, tu postura puede influir en tus niveles de estrés. ¿Tienes la espalda encorvada? ¿Tienes el cuerpo inclinado hacia delante? ¿Aparentas somnolencia? Activa los músculos del tronco (los abdominales) para incorporarte y mantenerte en una posición erguida. Endereza la columna, tanto si estás en una silla o de pie. Apoya los pies con firmeza en el suelo. *Siente* tu fuerza. Ahora, sonríe y respira profundo. Estas señales del cuerpo son como una "postura de poder". Son un mensaje de "puedo hacerlo" para ti y para el mundo.

11. **Habla sobre tus problemas.** ¿Tienes a alguien de confianza que sepa escuchar: tu mamá, tu papá, un abuelo, un maestro o tu mejor amigo? Habla de tus problemas con esa persona. Así te sentirás mejor.

12. **Perdónate los errores.** ¿Te torturas cada vez que cometes un error? Castigarte por tus errores nunca ayuda. Mejor piensa que los errores son experiencias de aprendizaje. (Al menos ya sabes qué *no* hacer la próxima vez). Y ¿adivina qué? Muchas personas miran hacia atrás y se dan cuenta de que sus errores las ayudaron a juntar el coraje y la determinación que necesitaban. Las experiencias te fortalecen, tanto las buenas como las malas.

13. **Sé tú mismo.** Tratar de ser alguien que no eres solo para acercarte a gente "popular" puede causarte mucho estrés. ¿Hay algo mejor que hacer? ¡Seguro! Simplemente sé tú y siéntete feliz con tu manera de ser.

14. **Siéntete bien con lo que tienes.** Desear ropa y aparatos caros que tu familia no puede permitirse tal vez te haga sentir que nunca tienes suficiente. En lugar de pensar en todo lo que deseas, tómate un momento para pensar en todo lo que *ya tienes*. Haz una lista de las cosas que agradeces. Pronto verás que algunas de las cosas más importantes que hay en la vida no cuestan dinero: una familia que te quiere, personas que se preocupan por ti, un perro que te lame la cara, un día de sol... Llevar una lista con todo lo que tienes para agradecer todos los días te ayudará a aliviar el estrés.

El estrés te altera de pies a cabeza, pero ahora sabes qué hacer al respecto. Puedes entender de dónde viene el estrés. Puedes actuar como un mecánico del pánico y aliviar gran parte del estrés que sufres en la vida. Y no importa lo que pase ni cómo te sientas, siempre podrás respirar profundo y recuperar la calma. Sigue paso a paso tus planes para reducir el estrés y no dejes que te venza.

Nota para padres y maestros

En el mundo actual, tan acelerado y lleno de presiones, hay más chicos estresados que nunca. Sin embargo, muchos de ellos no comprenden qué es el estrés (aunque lo *sientan*) y muchos adultos no se dan cuenta de los altos niveles de estrés que se pueden sufrir en la infancia y en la adolescencia. Quizá los padres piensen que el estrés afecta solamente a los adultos con responsabilidades y obligaciones propias de los mayores. Tal vez algunos padres no sean conscientes de que las responsabilidades y obligaciones de un niño pueden pesar tanto como las de un adulto y provocar la misma ansiedad.

El estrés en la infancia y la adolescencia puede pasar desapercibido porque los síntomas suelen ser *físicos*. Los chicos tienen síntomas de estrés —dolores de cabeza o de estómago, problemas para dormir, falta de apetito—, pero como no saben qué es el estrés, piensan que simplemente están enfermos. Y, dado que muchos adultos suponen que los chicos en realidad no sufren estrés, posiblemente traten estos síntomas como signos de alguna enfermedad física, lo que no logra "curar" los síntomas porque no aborda la causa que los provoca.

Algunos niños y adolescentes estresados se preguntan si les pasa algo malo, pero no quieren hablar de ello porque creen que nadie los entenderá. Y algunos chicos que sufren estrés crónico tienen síntomas que les hacen sentir vergüenza.

Por ejemplo:

- querer llorar todo el tiempo;
- tener miedo frente al mundo;
- tener miedo a la oscuridad o a los extraños;
- preocuparse por que ocurra algo terrible;
- mojar la cama;
- no querer estar solos;
- tener pesadillas;
- sentirse indefensos.

¿Qué puede hacer *usted* para ayudarlos a afrontar el estrés? Empiece por reconocer que el estrés es algo muy real para ellos: puede ser una parte importante de su vida. Busque signos de estrés oculto o "secreto". ¿Hay síntomas físicos? ¿Se ve afectado el rendimiento escolar? ¿Y sus relaciones con familiares y amigos? Cuando el estrés empieza a afectar la vida cotidiana de los chicos, les da aún *más* de qué preocuparse y los hace sentirse más estresados. Si los adultos están atentos y se ocupan, pueden ayudar a romper este ciclo.

Esta es una lista de cosas que usted puede hacer para ayudar a los niños y adolescentes que sufren estrés.

- Proporcióneles un entorno seguro, familiar y constante.

- Asegúrese de que tengan una rutina estable.

- Anímelos a hablar de sus sentimientos y problemas.

- Escúchelos si le confían sus preocupaciones o sus miedos.

- Ofrézcales afecto y comprensión, nunca críticas, si expresan ansiedad.

- Averigüe cuáles son las causas del estrés (nuevas experiencias, miedo al fracaso, cambios, pérdidas).

- Establezca un horario de pantallas para tener bajo control el papel de la tecnología en sus vidas.

- Hable de los cambios y retos que se avecinan en casa y en la escuela.

- Si es necesario, hable sobre los acontecimientos difíciles que se producen en su comunidad o en el mundo y que pueden afectarlos a ellos. Los chicos suelen estar al tanto de lo que aparece en las noticias, pero no se animan a preguntar. Demuéstreles su apertura y su buena disposición para abordar sus preocupaciones.

- Pasen tiempo juntos al aire libre disfrutando con calma y tranquilidad siempre que sea posible.

- Asegúrese de que se mantengan físicamente activos y coman alimentos saludables.

- Anímelos a dormir lo suficiente.
- Ayúdelos a prepararse la noche anterior para que no se agobien mucho por la mañana.
- Deles la oportunidad de tomar decisiones para que tengan cierto control sobre sus vidas.
- Ayúdelos a reforzar la autoestima animándolos a sentirse orgullosos de lo que son.
- Reconozca las fortalezas de los chicos y ayúdelos a potenciar esas cualidades.
- Anímelos a participar en situaciones o actividades en las que tengan muchas posibilidades de triunfar.
- Pregúntese si sus expectativas sobre ellos son demasiado altas, ya que esto aumenta la presión. ¿Su hijo está sobrecargado de actividades? Los chicos necesitan tiempo libre para jugar, relajarse y explorar el mundo.
- Deles la oportunidad de ayudar a los demás, porque ayudar a otros genera sentimientos de afecto y valor. Hagan tareas de voluntariado juntos dentro de su comunidad o a través de la escuela y hagan donaciones a causas que su hijo apoye.
- Busque ayuda profesional, si la necesita, con un médico, un psicólogo, un consejero o un trabajador social.

Hasta los niños más pequeños pueden aprender a reconocer los signos del estrés y empezar a resolver las situaciones que les causan problemas. Leer este libro es una muy buena forma de empezar. Puede leerlo con su hijo o con su clase, como disparador para plantear preguntas y hablar del tema.

Índice

Acerca de los autores y el ilustrador

Trevor Romain es un galardonado autor e ilustrador, así como un solicitado orador motivacional. Se han vendido más de un millón de ejemplares de sus libros, que se publicaron en 18 idiomas. Durante más de 20 años, Trevor ha viajado por el mundo para dar charlas a miles de niños y adolescentes. También es conocido por su trabajo en distintas organizaciones como Make-A-Wish Foundation, las Naciones Unidas, UNICEF, USO y Comfort Crew for Military Kids, de la que es cofundador. Trevor vive en Austin, Texas.

Elizabeth Verdick ha ayudado a crear la serie Laugh & Learn® de Free Spirit Publishing y es autora de muchos libros para niños y adolescentes. Vive en Minnesota con su esposo, sus dos hijos y muchas mascotas.

Steve Mark es ilustrador independiente y también trabaja parte del tiempo como titiritero. Vive en Minnesota, está casado y es padre de tres hijos. Steve ha ilustrado todos los libros de la serie Laugh & Learn®, incluidos *Don't Behave Like You Live in a Cave* y *El acoso es algo muy doloroso*.

Para conocer más títulos de la serie Laugh & Learn® de Free Spirit, visite freespirit.com.